W0292589

BRAVO LA FAMILLE !

J'vais le dire à ma mère

Histoire
Christine Sagnier

Images
Caroline Hesnard

Conception
Émilie Beaumont

FLEURUS

FLEURUS ÉDITIONS, 15-27 rue Moussorgski, 75018 PARIS
www.fleuruseditions.com

C'est toujours la même chose avec mon grand frère, Tom. Quand il m'accompagne à l'école, je suis en retard, ou presque. Cette fois, il s'en est fallu d'un cheveu. Il m'a laissée devant la grille avant de continuer vers le collège. Sauf qu'il partait avec mon sac de sport. Le sac avec mon déguisement pour le spectacle de fin d'année. En plus, c'était le jour de la répétition générale. La maîtresse allait me réduire en bouillie si j'arrivais sans mon costume de cow-boy.

Elle l'avait assez répété, la veille : « Assurez-vous d'avoir vos déguisements demain ! Il n'y a pas de répétition sans costume. »

— Tom ! Tom ! ai-je hurlé en faisant volte-face. Heureusement, lui aussi s'en était aperçu et faisait demi-tour. Il est passé à grandes enjambées devant un groupe de garçons de CM2 qui faisaient les idiots sur le trottoir.

— Tiens, m'a dit Tom en me rendant mes affaires. Et puis : tu les connais, ceux-là ?

J'ai jeté un coup d'œil vers les garçons et j'ai aperçu Quentin, tout petit, entouré par les grands qui secouaient le cartable suspendu dans son dos.

– C'est Quentin. Il est dans ma classe.

Ça n'a pas traîné. Il faut dire que Tom est du genre justicier. Enfin, justicier avec la terre entière, mais avec moi, c'est différent : il m'enquiquine tout le temps.

– Eh, là, vous le lâchez ! a-t-il grondé.

Les quatre garçons se sont retournés vers nous. Quentin allait s'éclipser quand l'un d'eux lui a

arraché la sacoche qu'il avait sous le bras.
— C'est lui, a dit le garçon en pointant le menton vers Quentin. Il m'avait piqué mon sac.
— C'est ça... a fait mon frère en se tournant vers Quentin. Elle est à toi, la sacoche ?
Mais Quentin a filé, tête basse, sans répondre.
Les quatre garçons lui ont emboîté le pas. Tom les a regardés partir, et moi je me suis demandé pourquoi j'avais un frère pareil. C'est vrai, quoi, on voyait bien que ce n'était pas lui qui allait les croiser à la récréation. Or, moi, je ne faisais pas trois têtes de plus qu'eux. Plutôt deux de

moins ! Et la cloche de l'école a sonné. Et j'ai galopé derrière eux. J'ai grimpé les escaliers quatre à quatre. Exactement comme Maman me dit de ne jamais le faire, surtout avec sur le dos un cartable lourd comme une armoire. En haut des marches, je suis tombée nez à nez avec les quatre grands qui s'amusaient comme des ânes à shooter dans la sacoche.

— Tu veux ma photo ? m'a lancé le plus costaud qui avait l'air trop bête avec un chapeau de cow-boy riquiqui sur sa tête. Sans rigoler, si je m'étais appelée Croquette, comme ma toutounette adorée, j'aurais sorti mes crocs et ils seraient tous partis en courant. Sauf que je m'appelais Lola et que je n'avais pas de crocs, mais un cœur qui cognait aussi fort qu'un marteau. N'empêche que je suis quand même passée à côté d'eux sans courir. Bon, disons que j'ai marché deux mètres avant de prendre mes jambes à mon cou. Je suis arrivée juste à temps pour me glisser au milieu des derniers copains qui rentraient dans la classe.

Ouf ! Dans mon élan, j'ai bousculé Quentin, qui était le dernier de la file.

— Pardon...

Je me suis faufilée devant lui et j'ai couru jusqu'à ma place pour me laisser tomber sur ma chaise près de Marion, ma meilleure amie. J'avais chaud, j'avais soif et mes oreilles bourdonnaient encore au rythme de mon cœur.

— Ça va ? a soufflé Marion.

— Bof !

Après avoir fait l'appel, la maîtresse nous a dit

d'enfiler nos costumes pour aller répéter dans la cour.

— Waouh ! s'est exclamée Marion. Trop beau, ton déguisement ! Regarde, moi, je suis Calamity Jane.

— C'est qui ?

— Une femme super-courageuse au temps des cow-boys ! Elle se battait comme un homme.

— Moins de bruit ! a rugi la maîtresse.

Dix minutes plus tard, on était tous habillés. Enfin, presque tous.

— Eh ! a chuchoté Marion. Il y a Quentin qui n'a pas son déguisement...
Oh là là, pauvre Quentin ! Il allait se faire réprimander par la maîtresse. Ça n'a pas raté ! Madame Doucet nous a demandé de sortir en rang. La tête qu'elle a faite lorsqu'elle l'a remarqué ! Il faut dire qu'avec son short et son tee-shirt jaunes il avait tout du vilain petit canard au milieu d'une armée de cow-boys et d'Indiens échevelés ! Quant à la maîtresse, vu

le cri de guerre qu'elle a lancé, elle devait se prendre pour la reine des Squaws.

— Ouououh ! Enfin, Quentin, je finis par croire que tu le fais exprès ! La semaine dernière c'était ta trousse, hier c'était ton cahier et aujourd'hui c'est ton costume ! Tu peux me donner une explication ?

Muet, Quentin a baissé les yeux, tandis

que Madame Doucet levait les siens au ciel, exaspérée. Moi, j'ai repensé à la sacoche qui servait de ballon aux CM2 dans le couloir et au ridicule petit chapeau perché sur la tête de l'un d'eux. D'un côté j'avais envie de dire à la maîtresse ce que j'avais vu, mais d'un autre je n'avais pas envie de rapporter...
Une fois dans la cour de récréation, on s'est rangés deux par deux, un garçon une fille, un garçon une fille... Madame Doucet a mis la musique et on a commencé à danser. Punaise, ce n'était pas facile. Il fallait compter ses pas, mais sans regarder ses pieds, et lancer son chapeau avec sa main droite, sans oublier de le rattraper avec sa main gauche ! Entre mes jambes, mes mains et mon chapeau, c'était un vrai tricot. Sans compter que l'on changeait tout le temps de cavalier. Pour de vrai, le plus chanceux, c'était Quentin, qui dansait sans chapeau. Pourtant, il avait l'air drôlement

malheureux. J'ai donc profité de ce que l'on dansait ensemble pour lui proposer le mien :
— Tu veux que je te le prête pour t'entraîner ?
Il a haussé les épaules, on a changé de partenaire. J'ai lancé mon chapeau en l'air, il est tombé par terre. Il ne manquait plus qu'Adrien, qui a marché dessus. Quand je l'ai remis sur ma tête, il était tout de travers.
— Lola, est-ce que tu peux arrêter de faire le clown ? Tu sèmes la pagaille...

— Je ne fais pas le clown, Madame, je voulais prêter...
— Ça suffit, viens t'asseoir sur le banc. Et toi aussi, Quentin, tu fais n'importe quoi !
Je me suis assise, furieuse. Il avait raison, Quentin, de n'avoir rien dit à la maîtresse ; de toute façon, elle ne nous croyait jamais. C'était vraiment, vraiment injuste. Enfin, la cloche a sonné. Marion m'a rejointe, à bout de souffle. Vite, vite, vite, on est allées se changer pour pouvoir profiter de la récréation.
— Trop nulle, la danse, a grogné Marion.

— Mon père dit que les Noirs ont le rythme dans la peau ! a répliqué Violette.

— Ben, il ne m'a pas vue ! a rigolé Marion.

La veinarde, c'est Lola, elle n'a presque pas dansé.

— Elle voulait absolument donner son chapeau à Quentin, a gloussé Violette.

— Elle est amoureuse ! Elle est amoureuse ! a chantonné Jeanne.

J'ai serré très fort les poings.

— Vous m'énervez grave ! ai-je crié. Si je voulais

lui prêter mon chapeau, c'est parce qu'il s'est fait voler son déguisement !

Violette, Marion et Jeanne ont tourné vers moi des yeux d'extraterrestres.

— Voler ? se sont-elles écriées en chœur.

— Oui. Par des grands de CM2. Même que je les ai vus jouer avec dans le couloir ce matin.

— Eh bien, moi, hier, a chuchoté Jeanne, j'en ai vu un lui faire un croche-pied à la sortie...

— Un croche-pied ? Exprès ?

— Sûr !

— Alors ? a demandé Marion. Vous croyez que la trousse et le cahier, on les lui a volés aussi...

— C'est possible, a murmuré Jeanne.

— Certain ! ai-je affirmé. Ça voulait dire qu'on avait un méga gros souci.

— Qu'est-ce qu'on fait ? a demandé Jeanne.

— On joue à la marelle, a répondu Violette.

— N'importe quoi ! s'est insurgée Marion. On ne peut pas faire comme si de rien n'était... Moi, si j'étais à la place de Quentin, j'aurais trop peur d'aller à l'école.

— Oui, ben moi, je n'irais pas, a répliqué Violette, vexée. Et ce serait trop bien de rester à la maison.

— En attendant, ai-je demandé, vous savez où il est ?

On a cherché Quentin partout dans la cour. Il ne jouait pas à chat perché, il ne jouait pas non plus au foot et il n'était pas sous le préau. On s'est discrètement approchées des grands de CM2 pour vérifier qu'ils ne l'embêtaient pas. Aucune trace de Quentin. Finalement, on l'a

aperçu, assis par terre, près des maîtresses qui surveillaient la récréation.

— Là, au moins, il n'a plus d'ennuis, a conclu Violette en faisant demi-tour.

— Peut-être, a rétorqué Marion, mais je n'aimerais pas passer ma récréation à côté des maîtresses juste parce qu'il y a des grands qui me cherchent des embrouilles.

— Et si on allait jouer avec lui ? ai-je proposé.

— Oui, a acquiescé Marion. Comme ça, si les grands arrivent, on sera là pour le défendre !

— Oui, allons-y, a renchéri Jeanne. On leur fera peur, à ces gros nuls.

Pour de vrai, je n'étais pas certaine, moi, que nos biscotos leur fichent la pétoche, aux grands. Mais j'ai quand même suivi les autres.

— Eh, Quentin ! a fait Marion. Tu veux jouer avec nous ?

— Je ne peux pas...

— Ah bon ! s'est étonnée Jeanne. Pourquoi ne peux-tu pas ?

— Laisse tomber, a fait Violette. Tu vois bien qu'il ne veut pas...

— Ce n'est pas que je ne veux pas : je suis puni.

— Pourquoi ? ai-je demandé.

— Je n'ai pas envie d'en parler.
— Ma mère, elle dit que, quand on a des problèmes, il faut en parler...
— D'accord, a-t-il grommelé, les yeux scotchés au sol. C'est parce qu'on m'a volé mon goûter.
— Et tu t'es fait punir ?
— Oui. C'est que j'ai voulu le récupérer. Du coup, l'autre a balancé et j'ai été puni parce que je lui ai donné un coup de pied.
— Mais tu lui as dit ce qui s'était vraiment passé, à la maîtresse ?

— Non. Si je le dis, ce sera pire, je me ferai taper.
— Mais tu ne peux pas te laisser faire ! s'est exclamée Marion.
— De toute façon, la maîtresse lui a confisqué mon goûter quand il m'a traité de mauviette. Elle a dit qu'elle ne voulait plus rien entendre !
— C'est abusif, a déclaré Jeanne. Moi, je dis que personne n'a le droit de te le prendre.
— Peut-être, mais maintenant il est dans le bureau du directeur.
— Eh bien, on va aller le chercher !

Elle nous prenait pour qui, Jeanne ? Les quatre Calamity Jane ? Sauf qu'on avait ni cheval ni carabine…

— Il y en a deux qui font le guet et deux qui entrent dans le bureau ! poursuivait Jeanne, imperturbable.

— Et Quentin, il fait quoi ? a couiné Violette.

— Il ne peut pas venir avec nous. Il est puni !

Finalement, Jeanne et moi sommes allées dans le bureau, tandis que Marion et Violette faisaient le guet. Enfin, c'est ce que l'on croyait. Parce qu'en réalité Violette a filé aussitôt qu'on a tourné le dos. Mais ça, on ne le savait pas. Tout ce qu'on savait, c'est que c'était bizarre, trop bizarre de se retrouver dans le bureau du directeur. Surtout sans le directeur. Même le tic-tac de l'horloge me donnait la chair de poule. Alors, quand le téléphone a sonné, on s'est jetées sous le bureau, une main plaquée sur la bouche pour ne pas éclater de rire. Punaise, quelle trouille ! La sonnerie s'est tue.

On a jailli de notre cachette, direction la sortie. Tant pis pour le goûter de Quentin ! Mais, horreur, la porte s'est ouverte. Le directeur se tenait devant nous, plus terrifiant que jamais.

— Vous voilà ! Eh bien, j'attends une explication !

L'explication, on la lui a fournie, mais il n'a rien voulu entendre. Rien. On a eu trente fois à copier : « Je ne m'introduis pas dans le bureau du directeur sans y avoir été autorisée. » Punies : Marion, Jeanne et moi !

Parce que Violette nous avait dénoncées.
C'était vraiment abuser !
Elle pouvait toujours courir pour qu'on joue avec elle... D'ailleurs, on n'avait plus envie de jouer. Les récréations suivantes, on les a passées assises avec Quentin.

— Je vais le dire à ma mère !

— Tu vas lui dire quoi, à ta mère ? s'est écrié Quentin. Tu ne dois le répéter à personne, même pas à ta mère !

— Je vais juste dire que c'est Violette qui nous a dénoncées...

Quentin a hoché la tête, soulagé.
— Elle a raison, Lola, a opiné Jeanne. Même que le mieux, pour ne pas se faire gronder, c'est de se mettre en colère, direct. Avec ma mère, ça marche à tous les coups : en voulant me calmer, elle oublie de se fâcher !

Elle n'était pas bête, cette technique. J'ai décidé de la tester le soir même. Mais il a fallu que j'attende, parce que c'est Tom qui est venu me chercher à l'école, vu que Maman avait un rendez-vous de travail. J'ai donc eu le temps

d'apprendre ma leçon et de faire ma punition avant qu'elle arrive. J'étais en train d'écrire ma dernière ligne quand je l'ai entendue rentrer avec Pierre, mon faux père, et Romane, ma petite sœur.

— Coucou, coucou ! criait Maman entre deux aboiements de Croquette. Il y a quelqu'un ?

— Je fais mes devoirs ! a hurlé Tom depuis le deuxième étage.

— Moi aussi ! ai-je crié à mon tour.

Quand Maman et Romane ont fait irruption dans ma chambre, je faisais semblant de réviser ma table de multiplication. Maman a posé un bisou sur mon front, tandis que Romane lançait ses petits bras de poulpe autour de mon cou.

— Tout va bien, ma puce ?

— Ça me soûle ! ai-je grogné.

— Bon, bon, on te laisse travailler.

Et hop ! elle a fait demi-tour, Romane sur sa hanche, sans me laisser le temps d'ajouter

quoi que ce soit... D'ailleurs, qu'est-ce que j'allais bien pouvoir raconter ? Que Violette était une vraie peste. D'accord. Qu'elle avait cafté à la maîtresse. Ça, oui. Et que les grands n'arrêtaient pas d'embêter Quentin ?
Sauf que Quentin ne voulait pas que j'en parle... Même pas à Maman... Punaise ! Quelque temps plus tard, toc, toc, toc, Pierre passait la tête par l'entrebâillement de la porte.
— À table !

— J'arrive, ai-je ronchonné.
En vrai, je n'étais pas pressée de descendre, et encore moins de donner ma punition à signer. Est-ce que je pouvais tout dire à Maman et à Pierre ? Est-ce que Quentin allait avoir de plus gros ennuis à cause de moi ? Pour me donner du courage, j'ai repensé très fort à la fameuse Calamity Jane de Marion et à la technique magique de Jeanne. J'ai descendu l'escalier pesamment, j'ai traîné les pieds jusqu'à la cuisine, je me suis écroulée sur une chaise et j'ai jeté la punition sur la table, vlan !
— Ce n'est pas juste ! ai-je lancé.
Les maîtresses, elles n'écoutent jamais, et après elles nous donnent des punitions. Et tant pis si c'est grave !
— Grave ? Qu'est-ce qui est grave ? a demandé Maman, surprise .
— Ce qui est grave, c'est que les grands, ils embêtent les petits. Et nous, euh, on ne peut

pas se défendre. Et en plus les maîtresses ne nous croient pas.

— Attends, Lola, a fait Pierre. Explique-nous ça tranquillement.

— Vous n'avez qu'à demander à Tom si je mens !

— Eh ! Je n'ai rien fait ! s'est récrié Tom.

— Bon, a repris Maman. Tu reprends tout depuis le début, Lola. Et puis pourquoi est-ce que l'on penserait que tu mens ?

Mission réussie : personne ne s'intéressait à ma punition. Mais maintenant il fallait que j'explique le problème de Quentin. Obligé.

— C'est Quentin, un garçon dans ma classe, il y a des grands... Ils n'arrêtent pas de l'embêter.

Pierre a levé un sourcil, l'air interrogateur.

— Ils l'embêtent comment ?

— Ils lui volent son goûter, ils lui font des croche-pieds...

— Tu les as vus ? s'est alarmée Maman.

— Oui, même que Tom leur a dit d'arrêter ce matin.

La bouche pleine, Tom a hoché la tête.

— Tu en as parlé à Quentin ?

— Oui. On lui a dit qu'il ne devait pas se laisser faire, mais lui, il dit que ce sera pire s'il le dit.

Tom a avalé sa bouchée avant d'intervenir :

— Sauf que, s'il ne dit rien, ça risque de mal finir.

— C'est qu'ils sont grands, alors ça lui fait peur évidem...

— Tu parles ! m'a coupé Tom. Ce sont des lâches, ils sont quatre pour s'attaquer à une crevette.

— Et il n'a rien dit à la maîtresse ? a demandé Maman.

Tom a fait une grimace sinistre.

— Tu sais, les profs, ils ne se rendent pas compte. L'an passé, au collège, il y avait un garçon, c'était la tête de Turc de sa classe, je ne sais pas pourquoi, aucune idée. En tout cas, il y avait une bande qui le cherchait tout le temps. Un jour, ils l'ont bousculé dans l'escalier et il s'est cassé la jambe.

— Mais c'est terrible, ce que tu racontes, s'est exclamée Maman, effarée. Et que s'est-il passé ?
— Ben, ils ont expliqué qu'ils ne l'avaient pas fait exprès, qu'il y avait eu une bousculade...
— Et personne n'a rien dit ?
— Si, si. D'autres élèves ont fini par témoigner et les responsables ont été exclus.
— Bien fait pour eux ! me suis-je écriée.
Mais euh... Quentin, ce n'est pas pareil...
Ils ne lui font pas de mal...
— Détrompe-toi, a fait Pierre. S'ils l'embêtent

sans cesse, c'est du harcèlement. Il ne faut surtout pas laisser faire, autrement il finira par tomber malade, ton petit copain, tellement il sera malheureux.

Maman a acquiescé avant d'ajouter :

— Et cette punition, si tu nous l'expliquais ?

Punaise, le cerveau de Maman, ce n'était pas une ardoise magique… Rien ne s'y effaçait. Jamais. J'ai donc expliqué le goûter volé par les grands, Quentin qui avait voulu le récupérer, sa punition, et nous qui étions allées dans le bureau du directeur.

— Rien que ça ! a rigolé Tom.
— Et puis ? a demandé Pierre.
— Et puis Violette nous a dénoncées...
— Cool, la copine ! a commenté mon frère.
— Hum, a marmonné Pierre. Toujours est-il que vous n'auriez jamais dû faire ça, même si ça partait d'un bon sentiment. Quant à Violette, elle n'a pas bien agi, c'est certain.
— Ben, moi, a rétorqué Tom, s'il y en a un qui me cherche, je lui casse la figure ; ça le calmera tout de suite. J'ai un pote qui s'est fait attaquer par deux mecs qui voulaient lui piquer

son téléphone portable. Ils sont repartis en courant : il est ceinture noire de karaté.

Moi, j'ai imaginé une autre scène : Marion, Jeanne, Quentin et moi en as du karaté ! La classe.

— OK, a concédé Pierre. Il ne faut pas se laisser faire, c'est vrai. Mais si tu deviens violent, c'est toi qui auras des problèmes.

— Ce qu'il faut, a déclaré Maman, c'est ne pas rester seul, parler autour de soi pour trouver une solution. Et Quentin, justement, il a discuté avec ses parents ?

— Je ne sais pas. Je crois qu'il se sent nul, alors il n'a envie de parler à personne.

— C'est ça, le plus grave ! s'est énervée Maman. Qu'il se sente nul parce que de petites brutes sans empathie s'en prennent à lui !

— C'est quoi, l'empathie ? ai-je demandé tandis que Romane commençait à pleurnicher.

— C'est essayer de se mettre à la place des autres... Imaginer ce qu'ils ressentent...

— Qu'est-ce que vous allez faire ? a demandé Tom.

— J'irai voir le directeur demain matin, a

annoncé Maman. Et s'il le faut, Lola, Marion et Jeanne lui expliqueront ce qu'elles ont vu.
— Oh là là ! ai-je gémi. Ça va faire des histoires... Et s'ils se vengent après ?
— Eh bien, a fait Pierre en soulevant Romane de sa chaise haute, tu viens me le dire immédiatement. Mais ne t'inquiète pas, je pense qu'une bonne punition leur servira de leçon...
— S'ils t'approchent, a ajouté Tom, j'irai à la sortie des classes. Et j'emmènerai Mehdi...
Trop bien : Tom et Mehdi, son meilleur copain, mon amoureux secret, en gardes du corps.

Sûr qu'ils feraient moins les malins, les grands de CM2. N'empêche que je n'ai pas échappé à mes trente lignes. Le lendemain matin, je suis allée remettre ma feuille au directeur avec Maman. Après, ils se sont enfermés tous les deux dans le bureau. Je ne sais pas ce qu'ils se sont dit, mais les quatre garçons ont été convoqués. Ils étaient moins fiers à la récréation. Ils ont dû être drôlement punis, parce qu'après ils n'ont plus cherché à embêter Quentin. Jamais.

Même qu'ils ont dû lui payer un déguisement neuf. Je n'avais qu'un seul regret : on n'avait plus besoin de gardes du corps. Ça voulait dire que Mehdi n'allait pas venir à la sortie des classes. Dommage !

MDS : 660998
ISBN 978-2-215-14147-1
© FLEURUS ÉDITIONS, 2014.
Dépôt légal à la date de parution.
Conforme à la loi n° 49-956 du 16 juillet 1949
sur les publications destinées à la jeunesse.
Imprimé en Italie (09/14).